CUIDO A MI GATO

Katherine Starke

🐾

Diseño: Kathy Ward
Redacción: Fiona Watt

🐾

Ilustraciones: Christyan Fox
Fotografías: Jane Burton
Traducción: Pilar Dunster

SUMARIO

Fotografías adicionales: Howard Allman
Asesora: Sarah Hartwell
Agradecimientos a Andrew Kirby

¿Cómo elegir un gato?

Si estás pensando en tener un gato como mascota, es buena idea elegir un gatito joven. Los gatitos necesitan más cuidados al principio, pero se adaptan a su nuevo hogar con más facilidad que los gatos ya crecidos. Es mejor ver varias camadas de gatitos hasta que encuentres uno que te gusta.

Clases de gatos

Hay personas que se dedican a criar gatos con combinaciones especiales de colores y el pelaje más o menos largo. Son los gatos de raza. Sin embargo, la gran mayoría de los gatos son una mezcla de razas distintas.

¿Por dónde empezar?

Si tienes dos gatitos se harán compañía el uno al otro.

Casi todos los gatos de color melado como éste, son machos.

Si eliges un gatito de pelo largo, tendrás que cepillarlo más a menudo que a uno de pelo corto.

Pregunta a tus amigos si conocen al dueño de alguna gata recién parida, o pregunta en clínicas veterinarias y en refugios de animales.

Los gatitos atigrados como éste tienen rayas oscuras. Son una mezcla de razas.

Cuando un gatito tiene entre 8 y 12 semanas de vida ya está preparado para separarse de su madre. Los gatitos aprenden de sus madres y jugando con sus hermanos.

¿Por cuál te decides?

Un gatito que parece una bolita, tendrá un pelo espeso y abundante cuando crezca.

Elige el gatito que te parezca más acertado para ti.

Juega con los gatitos antes de elegir uno.

Trata de averiguar cómo es la madre de los gatitos porque se parecerán a ella o a su padre cuando crezcan.

Observa un buen rato a los gatitos para conocer su carácter. Algunos gatitos son tranquilos y otros muy activos.

Elige un gatito juguetón, pero no agresivo. Pregunta al dueño cómo suele comportarse el gatito que te gusta.

Mascotas desde la antigüedad

La palabra egipcia para decir gato es "mau".

Instinto cazador

Los leopardos adoptan esta postura para esconderse y acechar a sus presas.

Los gatos son animales de compañía desde hace miles de años. Al parecer, los egipcios fueron los primeros que tuvieron gatos en sus casas, hace unos 5.000 años.

Los gatos como el tuyo son domésticos, pero están emparentados con los leones, los guepardos y los leopardos, que son salvajes. A veces tu gato se comportará como ellos.

¿Qué cosas necesito?

Necesitas algunas cosas especiales para poder atender bien a tu gato. Asegúrate de que tienes todo preparado antes de llevarlo a casa.

Juguetes

Los gatos suelen jugar a cazar sus juguetes.

Las tiendas de mascotas venden animales de juguete y pelotas.

Transportín

Compra un transportín en el veterinario o en una tienda de mascotas.

Necesitarás un transportín para el traslado a tu casa. Una caja de cartón corriente no es lo suficientemente fuerte ni segura.

Tu gato necesitará algunos juguetes para no aburrirse. No dejes nunca cuerda, lana o hilos a su alcance; podría tragárselos y atragantarse.

A los gatos les gustan las cosas que ruedan y que se desplazan con facilidad. Tú mismo puedes hacerle juguetes. Hay varias ideas en las páginas 12, 13 y 29.

El cajón de ensuciar

Pon hojas de periódico debajo del cajón de ensuciar para no manchar el suelo.

Comida

Comprueba que las palabras "alimento completo" aparecen en la etiqueta.

MININO

POLLO

Usa platillos o cuencos para la comida y el agua.

Dentro de casa, el gato hace sus necesidades en el cajón de ensuciar. Compra uno de plástico, y una arena especial llamada lecho absorbente.

Tendrás que comprar comida. Lo más práctico son las latas o la comida seca. Compra sólo una o dos latas para empezar, por si no le gustan.

Elige recipientes que no sean demasiado hondos para que el gato pueda alcanzar hasta el fondo. Necesitarás uno para el agua y otro para la comida.

Cama a su medida

Pon periódicos debajo de la caja para aislarla del frío del suelo.

Necesitas una caja de cartón que sea el doble de grande que tu gato. Quita los cartones de arriba y recorta una sección, a unos 5 cm de los bordes, en una de las caras laterales.

Pon unas hojas de periódico en el fondo y a los lados de la caja. Coloca dentro una manta o una toalla vieja doblada para que tu gato tenga una cama cómoda.

El lugar idóneo

A los gatos les gusta tener el recipiente para comer, el cajón de ensuciar y la cama en distintos sitios. Trata de ponerlos en lugares tranquilos donde no le moleste nadie.

Coloca su cama en un lugar tranquilo y calentito.

Los primeros pasos

Es natural que tu gato tarde algún tiempo en acostumbrarse a su nuevo hogar y a los olores que desconoce. No le dejes explorar más de una o dos habitaciones durante los primeros dos o tres días.

Enséñale dónde está su comida, su cama y el cajón de ensuciar dando unos golpecitos suaves en cada sitio y llamándole por su nombre. Comprueba que el gato hace uso de todas estas cosas cuando lo necesita.

Bienvenido a casa

Háblale con suavidad para que se acostumbre al sonido de tu voz.

Abre el transportín para que mire a su alrededor. Inclina el transportín con mucho cuidado para que salga por sí solo.

Déjale que explore su entorno sin tomarle en brazos. Quédate parado para que también te inspeccione a ti.

Cuando tu gato se encuentre a gusto, empezará a lavarse. Eso será señal de que se siente en lugar seguro.

Presentaciones

Llama a tu gato por su nombre. Tendrás más probabilidades de que acuda a tu llamada si te agachas y permaneces muy quieto. Algunos gatos son muy tímidos al principio.

Puede que el gatito esté nervioso y se acerque poco a poco.

Tiende la mano para que tu mascota te olfatee los dedos.

Caricias y mimos

Acaricia a tu gato alrededor de las orejas y debajo de la barbilla suavemente.

A los gatos no les suele gustar que les toquen la barriga.

A la mayoría de los gatos les gustan las caricias. Les recuerdan cómo les lamía su madre cuando eran cachorros. Pasa la mano suavemente por el lomo de tu gatito, siguiendo la dirección en que crece el pelo.

Puede que se acomode en tu regazo para que le acaricies. Si está contento, puede que "amase" con las zarpas, que es lo que hacen los gatitos recién nacidos cuando quieren leche de la gata madre.

Olores familiares

Puede que tu gato también frote su cabeza contra ti.

Tu gato frota la cabeza contra lo que le rodea para mezclar su propio olor con el de su entorno. Así consigue que el lugar en que se encuentra le parezca menos extraño.

Territorio

Los gatos a menudo comparten zonas de su territorio.

Los gatos suelen tener un espacio que consideran suyo llamado territorio. Marcan su territorio rociándolo con orina, frotándose para dejar su olor o arañando objetos.

Instalándose

A casi todos los gatos les gustan las caricias y los mimos, pero no por sorpresa. Antes de coger en brazos a tu gato, asegúrate de que ha notado tu presencia. Acostúmbralo, cuando todavía es pequeño, a las caricias de otras personas y a la presencia de otras mascotas. Es aconsejable mantener al nuevo gatito aislado de otros animales al menos durante un día. Nunca dejes que entre en contacto con mascotas pequeñas, como ratones, conejos o pájaros.

Del suelo a los brazos

Háblale suavemente para calmarle.

Puede que te arañe si no quiere estar en brazos.

Levanta al gato del suelo con las dos manos. Coloca una mano en el pecho, debajo de las patas delanteras y recoge con la otra mano las patas traseras.

Sujeta al gatito contra tu cuerpo para que se sienta protegido. Soporta su peso poniendo una mano debajo de las patas traseras.

Si tu gato ofrece resistencia, deposítalo en el suelo con mucho cuidado y suéltalo en cuanto esté sobre las cuatro patas.

La primera noche

Echará de menos el calor de su madre.

Cuando dos gatos se ven por primera vez, ambos enderezan la cola. Es su manera de saludarse.

Hay gatitos que maúllan mucho cuando se quedan solos. Pon una botella de agua caliente envuelta en una toalla en su cama.

Contactos con otras mascotas

Si tienes otra mascota, intercambia algún artículo de su cama con otro del nuevo gatito, para mezclar el olor de ambos animales. Es mejor que haya alguien contigo durante el primer encuentro para que podáis hacer mimos a los dos animales. Acabarán acostumbrándose el uno al otro y el gatito comenzará a sentirse parte de la familia.

Pon sus platos de comida a cierta distancia.

Sigue quedándote con los dos animales cuando se vuelvan a ver en sucesivas ocasiones.

Procura que los dos animales se conozcan justo antes de la hora de comer, para que se interesen en la comida y no se presten demasiada atención.

Si tu otra mascota es un perro, sujétalo de la correa durante los primeros encuentros con el gato y procura que el encuentro dure poco tiempo.

Si una de las mascotas quiere pelear, llévate a la otra para separarlas.

Deja que las dos mascotas se olfateen mutuamente.

Alimentación

Los gatos necesitan comer carne para mantenerse sanos. Si tu gato no fuera doméstico, cazaría animales pequeños, como ratas, ratones, conejos e incluso pájaros y peces. A muchos gatos les gusta la leche de vaca pero puede sentarles mal. No le des leche, salvo en raras ocasiones.

Los gatos prefieren estar solos cuando comen.

Si tienes dos gatos, deben comer en recipientes separados.

La alimentación de tu gato

¡MIAU!

Puede que tu gato maúlle cuando tenga hambre. Debes ponerle la comida a la misma hora todos los días.

Pon una cucharada de comida en su comedero.

Según vaya creciendo necesitará más cantidad de comida menos veces al día.

Hasta los cuatro meses, necesita cuatro o cinco comidas pequeñas al día. Es mejor que dos comidas muy abundantes.

Pon agua fría en otro recipiente. Asegúrate de que tu gato siempre tiene agua fresca en el bebedero.

A partir de los seis meses, reduce el número de comidas a 2 o 3 diarias, dándole 4 cucharadas de comida de lata cada vez.

Comida seca

Si lo prefieres, puedes dar a tu gato comida seca en vez de comida de lata. Masticar comida seca ayuda a los gatos a conservar los dientes limpios. No mezcles la comida seca con otros tipos de comida porque se formará una pasta poco apetecible.

Tu gato necesitará beber más agua si le das comida seca.

Lava siempre el recipiente usado por el gato cuando haya terminado de comer.

Los dientes y la lengua

Los gatos usan la lengua como si fuera una cuchara para beber.

Los gatos tienen pequeñas muelas para triturar la carne.

¡MIAU!

Los dientes son para cortar la comida.

A los seis meses pierden los dientes de leche y aparecen los dientes definitivos. Aunque los gatos tienen unos dientes muy afilados para morder, no pueden masticar con ellos tan bien como tú.

La lengua de los gatos es muy áspera porque está cubierta de unos ganchos diminutos que les ayudan a lavarse bien el pelaje. A los felinos salvajes también les sirven para arrancar la carne de los huesos.

Juegos

A los gatos les encanta jugar. Les atraen los juguetes para abalanzarse sobre ellos y jugar a cazar. También les gusta esconderse en cajas y en bolsas de papel. No dejes nunca bolsas de plástico al alcance de tu gato porque podría quedar aprisionado y ahogarse.

A los gatitos les encanta encaramarse para observar cuanto les rodea.

¿Por qué juegan los gatos?

La madre mueve el rabo para que sus cachorros jueguen a capturarlo.

Los gatos juegan para hacer ejercicio y para aprender a cazar (lee las páginas 26 y 27). También son muy curiosos y les gusta inspeccionar todo lo desconocido.

Una caja de cartón adaptada para que jueguen los gatitos.

Una caja para jugar

Extiende los cartones que forman la tapa.

Haz un círculo en un lado de la tapa.

1. Necesitas una caja de cartón más grande que tu gatito. Debe estar completa para que puedas cerrarla al final.

2. Dibuja círculos en los laterales. Haz unos círculos más grandes que tu gatito y otros más pequeños.

3. Pide ayuda a un adulto para recortar los círculos. Cierra muy bien la tapa de la caja con cinta adhesiva.

Juegos de gatitos

Observa como juega el gatito con sus juguetes y verás lo variados que son sus juegos. Puede que atrape un juguete en el aire, como si estuviera cazando un pájaro. Los cachorros de los felinos salvajes hacen lo mismo: la madre guepardo lleva presas de pequeño tamaño a su cubil para que jueguen los cachorros.

Este gatito juega a cazar un ratón y a atraparlo con las zarpas.

Cuidado con las zarpas

Si tu gatito te agarra con las zarpas cuando estás jugando con él, trata de calmarle hablándole sin levantar la voz y retira la mano despacio.

Este gatito ha enderezado la cola porque está contento.

El pelaje

El pelaje del gato le protege la piel y le resguarda del frío, igual que la ropa abriga a las personas. Los gatos mantienen limpio el pelaje lavándose con la lengua.

La muda

Los gatos mudan el pelo constantemente, es decir, se les cae pelo viejo y en su lugar crece pelo nuevo. En invierno el pelaje se hace más espeso para protegerlos del frío. En primavera los gatos pierden el abundante pelo que les sirvió de abrigo durante el invierno.

Los gatos se estiran y se retuercen al lavarse para alcanzar todo el cuerpo.

Después de humedecer la zarpa con la lengua, este gatito la usa como si fuera una esponja.

Los gatos se lavan muy bien y normalmente no hace falta bañarlos.

Para refrescarse

Cuando hace calor, tu gato se lava más veces. Es como si se diera una ducha refrescante. También puede que se tumbe todo estirado para que le dé bien el aire.

Un pelaje bien cuidado

Al lavarse, los gatos tragan pelo suelto, que luego les hace sentirse mal. Puedes ayudar a tu gato cepillándole con regularidad para eliminar el pelo que esté a punto de caérsele.

Acaricia a tu gato antes de cepillarlo para que esté tranquilo.

Cepillos para gatos

1. Cepilla a tu gato una vez por semana como mínimo. Los gatos de pelo largo necesitan cepillados más frecuentes.

2. Prepara una toalla vieja o una manta y coloca encima a tu gato. Puedes sentarlo en tu regazo o ponerlo sobre una mesa.

Cepilla siguiendo la dirección de crecimiento del pelo.

No debes cepillar cerca de los ojos.

Si no le gusta, no le cepilles la barriga.

3. Empieza por el lomo, continúa con las patas y termina con la cola. Pásale el cepillo por debajo de la barbilla y alrededor de las orejas.

4. A algunos gatos no les gusta en absoluto que los cepillen. Trata de acostumbrar a tu gato desde pequeño.

Pelaje y camuflaje

El pelaje de los felinos salvajes tiene manchas y colores parecidos a los del entorno donde viven. Las rayas que tienen los tigres se parecen a las plantas donde se esconden.

Los gatos domésticos también son de colores muy diversos. ¿En qué entorno podría camuflarse tu gato?

Las garras y las uñas

Los felinos salvajes usan las uñas para atrapar a sus presas y para defenderse. Tu gato utiliza sus garras para explorar y clava las uñas para sostenerse cuando trepa, por ejemplo cuando se sube por los árboles.

Dejando pistas

Los gatos arañan para afilarse las uñas y para dejar marcas que indican su presencia a otros gatos.

En las garras de los gatos hay unas glándulas que dejan olor donde arañan.

Cuando tu gato araña las cosas, deja un olor con el que marca su territorio.

Las uñas de los gatos son de queratina, igual que las de las personas.

Andares de gato

Los gatos echan una pata delante de la otra, como si caminaran trazando una línea, por eso pueden desplazarse por vallas y repisas estrechas. Intenta imitar los andares de tu gato.

Al andar dejas un espacio entre los pies.

Los gatos no hacen ruido al andar porque tienen pelo entre los dedos.

Este gatito tantea con las garras un juguete que no conoce para ver si es peligroso.

El rascador

Al aire libre tu gato puede afilarse las uñas en el tronco de algún árbol, pero dentro de casa intentará afilárselas arañando los muebles. Cómprale un rascador y enséñale a utilizarlo.

Todos los gatos necesitan arañar en algún sitio. Si tu gatito araña un mueble, dile "¡No!" tajantemente y llévale al poste rascador.

El rascador es un poste forrado de cuerda enrollada o de alfombra gruesa.

Puedes enseñarle guiando suavemente su garra hacia abajo por el poste.

Las uñas del gato

Tu gato tiene cuatro dedos en cada una de las garras delanteras y un dedo más pequeño parecido a un pulgar algo más arriba, que se llama el quinto dedo.

A los gatos les gusta estirarse así cuando se afilan las uñas.

Los gatos sacan las uñas cuando quieren arañar.

Tu gato tiene las uñas escondidas la mayor parte del tiempo. Así no se le desgastan tanto.

Su educación

Según va creciendo, tu gatito tiene que aprender lo que debe y no debe hacer en la casa. Aprenderá con más rapidez si le educas cuando aún es pequeño. Di su nombre cuando le enseñes a hacer algo para que, a base de oírlo muchas veces, llegue a reconocerlo. Recompensa a tu gatito cuando haga bien lo que le hayas enseñado.

Enseñarle a usar el cajón de ensuciar

Puede que no recuerde dónde está su cajón de ensuciar

Ponte guantes de goma antes de vaciar el cajón. Después, lávate las manos.

Cuando tu gato haya terminado de comer, llévale al cajón de ensuciar y deposítalo dentro. Déjale a solas mientras hace sus necesidades.

Si ves a tu gatito agacharse con la cola levantada, llévale rápidamente al cajón de ensuciar para que haga sus necesidades.

Vacía el cajón todos los días en una bolsa de plástico y tírala. Vuelve a llenarlo con lecho absorbente y colócalo sobre unas hojas de periódico.

La mayoría de los gatitos aprenden a usar el cajón de ensuciar imitando a su madre.

Recompensas

Mientras estás educando
al gatito, dale algo especial
de comer como recompensa
cada vez que haga lo que
le has enseñando.

A la mayoría de los gatos
les gusta como premio una
cucharadita de yogur o un
trocito de queso. También
les suele gustar un bocadito
de carne o pescado que no
esté crudo y que no tenga
ni huesos ni espinas. No
debes darle sobras ni
chocolate porque puede
ponerse enfermo.

La educación de tu gatito

*No pegues
nunca a tu
gato.*

Si sorprendes a tu gatito
haciendo una fechoría,
regáñale con un "¡No!"
enérgico después de haber
dicho su nombre.

Tu gatito es explorador
por naturaleza. No le
dejes encaramarse a los
sitios donde se suele
preparar la comida.

*No olvides premiar a tu gato cuando
se porte bien, acariciándole y
dándole algo sabroso de comer.*

*Averigua cuál
es el bocado
especial que
le gusta más
a tu gato.*

El lenguaje de los gatos _____

Algunos gatos maúllan mucho para comunicarse contigo. Mediante diferentes maullidos tu gato te dice que tiene hambre o que quiere que le hagas caso. Observa los movimientos de tu gato para interpretar lo que quiere decir.

Se siente feliz

Para decir "hola" tu gato puede arquear el lomo como este gatito.

Un gato que está contento menea la cola despacio.

Tu gato demuestra que se alegra de verte enderezando la cola y echando las orejas hacia adelante. Puede que también haga un ruido especial para saludarte.

Cuando tu gato está contento lo demuestra con un suave ronroneo que hace con la garganta al respirar. Los gatos suelen ronronear cuando se les acaricia.

Se siente seguro

Para demostrarte que confía en ti, tu gato se tumba con la barriga al aire. No lo hará si hay algún desconocido cerca.

No acaricies a tu gato en la barriga a no ser que le guste.

Un gato enfadado

Cuando se enfadan, los gatos
mueven la cola con brusquedad,
echan las orejas hacia atrás y
sus pupilas, la parte negra de
los ojos, aumentan de tamaño.
No te acerques a tu gato si
parece enfadado.

*Cuando un gato
se enfada o tiene
miedo, agacha
las orejas.*

*Un gato
enfadado
puede bufar
o escupir.*

*Los gatos se
erizan para
parecer más
grandes.*

*Puede que
saque las uñas,
dispuesto a
pelear.*

Mensajes contradictorios

*Las orejas de este gatito indican
que está contento, pero tiene
el pelaje erizado.*

A veces los gatos mezclan
mensajes de felicidad y de
enfado cuando están jugando.
El gatito puede erizarse y echar las
orejas hacia delante al mismo tiempo.

La salud de tu gato

Tu gatito debe ir al veterinario mientras está creciendo. Cuando ya sea un gato adulto, es buena idea llevarle por lo menos una vez al año aunque no esté enfermo, para que le hagan una revisión.

La falta de ganas de comer y un aspecto descuidado pueden ser síntomas de que tu gato está enfermo. Si estás preocupado, llama por teléfono a la clínica veterinaria más cercana y pide consejo antes de llevar a tu gato. Las consultas en la clínica pueden resultar caras.

Cita con el veterinario

Arrópale con una manta.

No le saques del transportín hasta que le llegue el turno de ver al veterinario.

Lleva a tu gato al veterinario cuando esté enfermo. Asegúrate de que está abrigado y déjale descansar en paz.

Levanta al gato con cuidado y deposítalo en el transportín. Introduce primero la parte posterior de su cuerpo.

A las doce semanas

A las doce semanas los gatitos necesitan varias vacunas.

Tendrás que llevar tu gatito al veterinario en cuanto te lo den, para que le hagan un reconocimiento y le pongan varias vacunas.

A los seis meses

A los seis meses tu gatito puede ser castrado si es macho o esterilizado si es hembra. Es una operación para que no tengan crías.

Todos los años

El veterinario pondrá más inyecciones a tu gato todos los años. Son para protegerle de continuo contra algunas enfermedades.

Pulgas y lombrices

Las pulgas viven en el pelo.

Los gatos suelen comer más cuando tienen lombrices.

Tu gato puede tener pulgas aunque esté muy limpio. Si se rasca muy a menudo, quizás las tenga. Utiliza el producto que te dé el veterinario para combatirlas.

Las lombrices viven en el estómago de los gatos. Es posible que tu gato tenga lombrices si ves algo parecido a un grano de arroz en su trasero. No toques nada y avisa a una persona mayor.

Cuando envejecen

Los gatos suelen vivir unos 14 años y a veces aún más. A medida que pasen los años, a tu gato le resultará más difícil estirarse para lavarse la piel. Si le cepillas más a menudo, le ayudarás a mantenerse limpio.

Los gatos viejos pasan más tiempo tumbados y dormitando.

Déjale descansar en un lugar tranquilo y calentito.

Expediciones

A los gatos les encanta explorar al aire libre. Si no tienes un patio o jardín para que salga, tu gato necesitará espacio suficiente para hacer ejercicio dentro de la casa y un lugar soleado para tumbarse. Puede salir al exterior dos semanas después de haber recibido las inyecciones necesarias. Ponle un collar elástico con una chapa de identificación por si se pierde.

Si el collar se queda enganchado en algún sitio, el elástico se estira y deja escapar al gato.

Salidas

Antes de dejarle salir a explorar, asegúrate de que tu gato lleva puesto el collar. Pasa un par de dedos por debajo del collar para comprobar que le queda holgado.

Si quieres que vuelva a entrar, llámalo por su nombre, agáchate y extiende la mano. También puede que acuda si haces sonar su paquete de comida.

En la chapa debe figurar tu número de teléfono

La gatera

La gatera es una puerta pequeña que el gato empuja para entrar y salir por sí solo. Las hay con un mecanismo de cierre para que puedas controlar sus salidas, pero cuida de no dejarla fuera durante la noche.

Sujeta la gatera para que permanezca abierta sólo mientras le enseñas a usarla, porque podrían entrar otros gatos.

1. Sujeta la gatera con un palo o una regla. Anímale a que pase mostrándole un juguete o su comida favorita.

Tira de la cuerda para que entre persiguiendo el juguete.

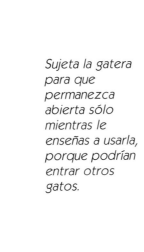

Empuja la gatera con suavidad para que tu gato no se asuste.

2. Cuando tu gato haya pasado por la gatera, llámale de nuevo desde el otro lado para que vuelva a pasar.

3. Quita el soporte cuando ya haya pasado el gato. Empuja la gatera para que tu gato vea cómo funciona.

4. Deja que tu gato pase por la gatera varias veces y verás qué pronto se acostumbra a usarla.

La caza y las peleas

¿Qué es lo que hace tu gato durante sus salidas al exterior? Puede que se encuentre con otros gatos o que explore su propio territorio. También puede que busque animales pequeños para darles caza. A veces los gatos vuelven a casa con lo que han atrapado.

Peleas en broma

Cuando un gatito juega con otro, los dos aprenden a defender su territorio. Parece que los gatitos se están peleando porque llegan a bufar y a escupir, pero no se hacen daño porque su grueso pelaje les protege de los arañazos.

Territorio compartido

Suele haber un gato que es el jefe del territorio.

Los gatos pueden compartir un territorio pero siempre hay uno que es el jefe. Si oyes a dos gatos dando gemidos, puede que estén peleándose para decidir quién es el jefe. El perdedor suele retirarse muy despacio.

Los gatitos de la foto están peleándose en broma.

Los cachorros se erizan y adoptan un aspecto fiero incluso cuando están jugando.

De caza

Hasta a los gatos bien alimentados les gusta cazar. Al descubrir una posible presa, el gato se queda muy quieto, después se va acercando despacio con las orejas y los bigotes tiesos, observándola con mucha atención. Cuando está a punto de abalanzarse sobre ella, el gato menea a veces el trasero.

Encaramado a buena altura, el gatito espera un buen rato antes de abalanzarse sobre su presa.

El gato crispa la cola cuando está a punto de saltar.

En la oscuridad

Cuando hay poca luz, tu gato puede ver cinco veces mejor que tú. Por tener una vista tan aguda, los gatos son capaces de desplazarse durante la noche sin tropezar con nada.

Abalanzarse sobre un juguete es un buen entrenamiento para cazar.

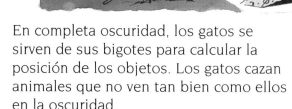

En completa oscuridad, los gatos se sirven de sus bigotes para calcular la posición de los objetos. Los gatos cazan animales que no ven tan bien como ellos en la oscuridad.

Los gatos y las plantas

Puede que veas a tu gato mordisqueando plantas. Como algunas son venenosas para los gatos, lo mejor es impedírselo y dejarle que coma sólo hierba o hierba gatera.

Banquete de hierba

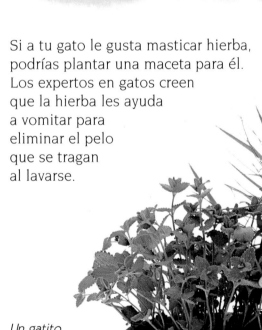

Plantas venenosas

Estas plantas son venenosas.

Azafrán de primavera   Flor de Pascua   Jacinto

Si ves a tu gato mordisqueando una planta de interior, regáñale con un "¡No!" enérgico. Pon unos trozos de cáscara de naranja o de limón en la maceta. A los gatos no les gusta su olor.

Si a tu gato le gusta masticar hierba, podrías plantar una maceta para él. Los expertos en gatos creen que la hierba les ayuda a vomitar para eliminar el pelo que se tragan al lavarse.

Un gatito atigrado color plata restregando la cabeza en una planta de hierba gatera.

Hierba gatera

A muchos gatos les gusta una planta llamada hierba gatera o nébeda. A los seis meses los gatitos ya son capaces de olerla. Les gusta mordisquearla y restregarse. Hay juguetes que llevan dentro hierba gatera seca. Puedes comprarla en tiendas de mascotas o cultivarla y secarla tú mismo en casa.

Cómo secar la hierba gatera

La hierba gatera tarda una semana más o menos en secarse.

Ata un ramo de hierba gatera y cuélgalo boca abajo dentro de una bolsa de papel en un lugar seco.

Cuando se sequen las hojas, desmenúzalas con los dedos. Servirán para rellenar un juguete para tu gato.

Juguete casero

No hagas la cola demasiado estrecha.

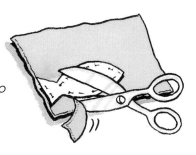

1. Dibuja la silueta de un pez, de unos 10 cm de largo y 5 cm de ancho, en un papel fino y recórtala.

2. Coloca el pez de papel sobre un trozo de fieltro doblado y sujétalo con alfileres. Recorta alrededor para sacar dos peces.

3. Cose a lo largo del borde con puntadas pequeñas y deja una abertura grande en la parte inferior para meter el relleno.

Dibuja los ojos con un rotulador.

Estruja el pez para que salga el olor de la hierba gatera.

4. Rellénalo con un poco de algodón, un puñado de hierba gatera seca y un poco más de algodón. Termina de coserlo.

Vacaciones sin tu gato

Si tienes que separarte de tu gato durante una noche, pide a otra persona que se quede a cuidarlo. A algunos gatos no les importa viajar, pero por lo general prefieren quedarse en casa porque es el lugar en que se sienten más seguros. No debes dejar a tu gatito completamente solo por la noche hasta que haya cumplido los 4 meses y esté bien adaptado a su entorno.

A los gatitos muy pequeños no les gusta quedarse solos.

Pasa el mayor tiempo posible con tu gato antes de marcharte.

Residencias felinas

Su manta le ayudará a sentirse como en casa.

Si sales de vacaciones, tu gato puede quedarse en una residencia especial para gatos. Sólo tienes que llevar su manta porque en la residencia se ocuparán de todo lo que necesite.

Comodidades caseras

A los gatos no les gustan los cambios y es mejor dejarlos en casa al irse de vacaciones. Pide a un amigo que vaya a diario a darle de comer y a limpiar el cajón de ensuciar.

Si tu gato ya tiene edad para salir de la casa, dile a tu amigo que le deje salir un rato. Si tienes una gatera, deja sin poner el cierre para que el gato entre y salga cuando quiera.

De mudanza

Si te vas a cambiar de casa, guarda todas sus cosas en la misma caja: el lecho absorbente, el cajón de ensuciar, la comida, los recipientes para comer y beber y sus juguetes. Asegúrate de que podrás localizarlo todo nada más llegar al nuevo domicilio, porque tu gato lo necesitará de inmediato. Cuando sea hora de emprender el viaje, pon una porción de su comida favorita en el transportín y mete dentro a tu gato. No le dejes salir durante el trayecto.

Llévate todas las cosas que suele necesitar tu gato.

Deja que tu gato juegue en el transportín varios días antes de la mudanza.

Este transportín tiene aberturas en los laterales para que el gato vea lo que pasa fuera.

Tanto los preparativos para la mudanza como el traslado serán una experiencia extraña para tu gato. No le dejes salir de casa durante los días anteriores a la mudanza y pasa mucho tiempo con él.

Ponle agua y comida nada más llegar.

Al llegar, abre el transportín y déjale explorar su entorno. No le dejes salir al exterior durante una semana como mínimo, hasta que se haya acostumbrado a su nuevo hogar.

ÍNDICE

Agradecimientos a
Cecilia Keating, Olivia Lowes y Sam Perry